Beginn jetzt!
Kurz & Knackig

Die Zeit können wir nicht managen,
nur uns selber.

Selbstorganisation - Selbsterkenntnis
Selbstneugier - Selbstmotivation

**Mein gratis Erfolgsbuch für dich unter:
www.gratis-erfolgsbuch.ch**

1. Auflage 2016

Copyright©2016 by Nadja Horlacher
http://www.NadjaHorlacher.ch
http://www.facebook.com/nadjahorlacherlive
Instagram: nadjahorlachernardias
Snapchat: nadjahorlacher

Mehr Gratis Infos unter www.NadjaHorlacher.ch

Alle Rechte vorbehalten
Lektorat: express-korrektur.de
Verlag, Redaktionelle Verarbeitung und Publizierung: Nadja Horlacher, Via Centro Sportivo 11, CH-6596 Gordola

Alle Rechte vorbehalten
Umschlagbild: Nadja Horlacher

Herstellung und Verlag:
BoD - Books on Demand, Norderstedt
ISBN 9783741223495

Hinweis auf das Urheberrecht: Das Werk, einschliesslich seiner Teile, ist urheberrechtlich geschützt. Jede Verwertung ist ohne Zustimmung des Autors unzulässig. Dies gilt insbesondere für die elektronische oder sonstige Vervielfältigung, Übersetzung, Verbreitung und öffentliche Zugänglichmachung.

Haftungsauschluss
Die Inhalte dieses Buches wurden mit grösster Sorgfalt erstellt. Dieses Buch kann auf Inhalte von Dritter verweisen oder verlinken. Zum Zeitpunkt der Verlinkung handelte es sich um keine illegalen Seiten. Für deren Seite haftet alleine der Anbieter der Seite auf welche verwiesen wurde, nicht aber die Autorin dieses Buches. Die Autorin übernimmt keinerlei Gewähr für die Vollständigkeit, Aktualität und Richtigkeit dieser Informationen.

Mehr Gratis Infos unter www.NadjaHorlacher.ch

Inhaltsverzeichnis

Einleitung	6
Mach das Beste aus deinen 24 Stunden	8
Gesetz vom Erfolg	11
Damit du deinen Tag strukturieren kannst, musst du zuerst wissen, was du willst	14
Was machst du den ganzen Tag?	18
Deine Wünsche	19
So gehst du vor	24
So befreist du dich aus der Zeitfalle	27
Du hast viel zu viele Aufgaben?	30
Termine einhalten und fokussiert sein	32
Zeitmanagement-Methoden	33
Gratuliere	38
Ich möchte von dir hören	39
Erfasse deine Aktivitäten	40
To-do-Stundenplan – Wochenplan	41
König Salomo	42
Auszug aus meinem anderen Buch »Geld Sparen im Alltag".	49
Notizen	52

Einleitung

Wenn ich doch nur mehr Zeit hätte! Warum hat mein Tag nicht 36 Stunden? Es würde mir viel besser gehen. Kennst du diese Aussage?

Glaubst du, wenn du mehr Zeit hättest, dass du mehr erledigen könntest? Oder weniger Hektik hättest? Wie sieht Stress für dich aus?

Wir fühlen uns unter Druck, wenn ein Mangel an Zeit vorhanden ist – das ist eine unumstößliche Tatsache des Lebens. Ein Tag hat genau 24 Stunden.

Du darfst nicht dauernd gestresst sein. Es hilft niemandem, wenn du danach krank und depressiv bist. Es sind deine Tage, dir allein gehören sie und du sollst dich glücklich und zufrieden fühlen.

Auf den nächsten Seiten zeige ich dir, wie du das schaffen kannst. Wie du deinen Alltag in den Griff bekommst, wie du wieder eigenständig über deine Zeit verfügen kannst. Du wirst dich am Abend glücklich und zufrieden fühlen. Du wirst erreichen, was du willst.

»Je planmässiger die Menschen vorgehen, desto wirksamer trifft sie der Zufall.«
Friedrich Dürrenmatt

Las uns loslegen, ich freue mich auf dich!

Mach das Beste aus deinen 24 Stunden

Ein Tag verfügt über 24 Stunden, keine Minute mehr oder weniger. Das gilt für jeden: den Top-Manager, die Hausfrau, den Obdachlosen oder dem Präsidenten der Vereinigten Staaten. Ist dir das bewusst? Entschuldigungen gibt es keine. Die einen packen das und die anderen nicht. Manche sind sehr schnell überfordert, andere gehen dabei richtig auf. Was machen diese Menschen anders? 16 Stunden am Tag beruflich tätig sein? Nein, das ist nicht der Sinn der Sache. Für unsere Gesundheit und unseren Erfolg müssen wir ausgeglichen leben.

Wir beginnen, unseren Tag zu strukturieren. Das meiste wird einfacher und bequemer laufen. Plane Zeit ein für deinen Gott, dein spirituelles Leben, deinen Partner, deine Kinder und deine Arbeit. Am besten in dieser Reihenfolge. Beherzige das. Du wirst staunen, wie plötzlich vieles rund läuft.

Du glaubst es nicht? Probiere es zwei Wochen aus. Stelle deine Arbeit nicht an erster Stelle.

Verbringe die Zeit mit Meditieren, lies in der Bibel oder singe ein Mantra. Was dir lieb ist. Warum das besser ist? Ich weiß es nicht, aber ich weiß, dass es funktioniert.

Unzählige Menschen fühlen sich heutzutage überfordert. Leben in einem negativen Stress. Sie springen den Umständen nach, sie können nicht mehr aktiv agieren. Sie fühlen sich gefangen und hetzen den Geschehnissen nach. Wenn das Leben auf diese Weise verläuft, können Krankheiten entstehen, wie etwa das bekannte Burn-Out-Syndrom.

Dem kannst du vorbeugen. Nimm deinen Tag bewusst wahr; du musst wissen, womit du dich den ganzen Tag lang beschäftigst. Notiere dir auch, wofür du deine Zeit einsetzt. Ist dir bewusst, dass dir viele Aktivitäten deine Energie rauben? Welche Tätigkeiten sind das?

Weißt du, wohin du rennst? Weißt du, warum du dir diesen Stress antust? Wofür? Hast du dich einmal gefragt, warum es dir so geht?

Kennst du den König Salomo? Er war ein weiser, beeindruckender Prediger aus biblischen Zeiten. Vor sehr langer Zeit schrieb er vieles nieder. In der Bibel können wir es nachlesen. Nein, Stop, jetzt nicht aufhören zu lesen, nur weil ich die Bibel erwähne. Es ist ein wunderbares und interessantes Buch.

Lesen wir es heute, könnte es auch aus der Gegenwart stammen. Als wäre es jetzt geschrieben worden. Unglaublich beeindruckend, was König Salomo schon damals wusste. Wir sind heute immer noch nicht vernünftiger. Im Anhang findest du diesen Auszug aus der Bibel. Es ist leicht zu lesen und wird dich sehr überraschen. Salomo wollte reich sein, wollte Frauen haben, suchte nach dem Glück – aber wo war sein Glück?

Du musst nicht religiös sein, es ist keine Bekehrung, sei einfach offen und lies es durch. Siehe im Anhang oder hier Online.

Ähnliches teilt uns auch der Dalai Lama mit. Mit folgenden Worten hat er es auf den Punkt gebracht:

»Ich verstehe die industrialisierte Welt nicht. Ihr

rennt euer ganzes Leben den materiellen Dingen nach, um euch von anderen abzuheben. Vergesst komplett eure Gesundheit, die Familie, Freizeit und das Leben, um dann, wenn ihr alt seid, euer ganzes Vermögen für die verlorene physische und psychische Gesundheit auszugeben. Und zudem werdet ihr auch noch alleine sein«.

Was willst du erreichen?

Warum willst du mehr Geld? Warum willst du noch mehr? Natürlich darfst du mehr Geld verdienen, mehr Ansehen anstreben wollen. Sei dir jedoch bewusst, dass deine Einstellung stimmen muss, damit du nicht laufend auf der Suche bist. Nicht Geld macht dich glücklich, sondern deine Lebenseinstellung.

Gesetz vom Erfolg

Warum sind manche Menschen erfolgreich und andere nicht? Ja, es gibt Unterschiede. Erfolgreiche Personen sind nicht besser als du, auch du kannst zu ihnen gehören. Denn im Kleinen liegt der

Unterschied. Genau das macht es aus. Weil es derart einfach ist, nehmen wir es kaum wahr.

Du kennst sicher den Ausspruch: Was du säst, wirst du ernten? Vorneweg ist schon mal logisch: Wenn du gar nichts aussäst, wirst du auch nichts ernten können. Wenn du nun aber das Unnütze säst, wirst du auch viel Zeit mit unnützen Dingen vergeuden.

Wie oft bist du in Facebook, liest unwichtige Neuigkeiten oder Klatsch & Tratsch-Magazine, um deine Zeit zu verbringen? Lästerst mit deinem Nachbarn über einen anderen? Quasselst mit deinem Arbeitskollegen über unwichtige Dinge? Diese Art von Produktivität bringt dir keinen Erfolg.

Alles was dir im Kleinen gelingt, wird dir auch im Großen gelingen. Nur musst du bereit sein. Stell dir vor, du hast eine kleine Familie oder bist in einem Single-Haushalt: Wenn ich bei dir in die Wohnung komme, wie sieht es aus?

Die Wohnung muss nicht blitzblank sauber sein, aber es muss eine gewisse Ordnung herrschen. Jedes Stück hat seinen Platz. Dasselbe auch mit deinem privaten Büro. Wann bezahlst du deine Rechnungen? Hast du ein Ablagesystem? Wenn dort bereits ein riesen Chaos herrscht, wie soll es möglich sein, dass du mit mehr klarkommst?

Achte genau auf diese Alltagsdinge. Räume auf, schaffe Ordnung, bringe ein System in deinen Haushalt. Sei gerüstet für das Nächste, das Größere, was du möchtest, eine neue Arbeit oder eine größere Wohnung oder anderes.

Du wirst dasselbe Chaos auch in einer größeren Wohnung haben. Wenn du das nicht in einer kleinen schaffst, dann geht es auch nicht mit einer größeren; glaube es mir, es ist so. Wenn du mit 500.- nicht haushalten kannst, wirst du auch mit 5'000.- nicht umgehen können. Unglaublich, aber wahr :-)

Damit du deinen Tag strukturieren kannst, musst du zuerst wissen, was du willst

Wenn du nicht scheitern kannst?

Wenn du weißt, du kannst nicht scheitern und du könntest dir sicher sein, es würde alles gelingen: Was würdest du tun?

Versetze dich in deine Träume

Weißt du noch, wie Kinder träumen können? Wie für sie alles machbar ist? Herrlich, oder? Kinder kennen keine Grenzen. Die Welt liegt ihnen zu Füssen. Ein wunderbares Gefühl, das leider immer mehr und mehr in den Hintergrund gerät. Bis wir manchmal ganz vergessen, zu träumen. Wir können uns nicht mehr in den Gedanken verlieren. Das ist traurig.

Wie oft höre ich in meinem Umfeld: Ach Nadja, das geht doch nicht, bleib auf dem Boden, wie soll das denn funktionieren?

Das macht mich traurig; warum können wir nicht zusammen euphorische Spinnereien durchdenken? Ich brauche das, es motiviert mich und bringt mich weiter. Ich will mich nicht selber einengen, ohne es probiert zu haben. Für mich steht ganz klar fest: Ich kann alles erreichen, wenn ich es auch wirklich will. Da gibt es kein Wenn und Aber. Darum weiß ich, dass es für dich auch funktioniert.

Wichtig ist natürlich, dass du ein Ziel definierst. Stell es dir bildlich vor, einprägsam. Versetze dich in die Gefühlslage, in der du wärst, wenn es bereits so wäre. Weißt du, warum ich dir das sage? Wie oft dachte ich, dies oder jenes sei mein Wunsch, mein non-plus-ultra und am Ende war es dann doch nicht das, welches ich mir vorgestellt habe.

Zwei Beispiele aus meinem Leben.

Gibt es nicht sehr viele Leute, die sich wünschen, auf einer Insel zu wohnen oder den Lebensabend dort zu verbringen? Natürlich ist das ein spezieller

Wunsch, eher eine Träumerei. Ok, aber gehen wir weiter. Diesen Wunsch gibt es, ein Inselleben – wunderbar. Auch mir gefiel diese Vorstellung. Bis ich sie erreichte. Da lebte ich auf dieser ländlichen, philippinischen Insel. Ein Fleckchen Erde wie aus dem Bilderbuch. Nur mit dem Boot zu erreichen, weiße Sandstrände, klares, türkisfarbenes Wasser und herzliche Einwohner in einem Traumklima.

Was ist die Kehrseite? Ein zivilisiertes Leben gibt es dort ganz und gar nicht. Kein fließendes Wasser; geduscht wird mit dem Eimer. Trinkwasser muss in 20 Liter-Bidons mühsam geschleppt werden. Strom steht nur für zwölf Stunden zur Verfügung; das heißt: Vorausdenken, um die technischen Geräte aufzuladen. Ventilatoren und Klimageräte funktionieren nur mit Strom. Kannst du dir vorstellen, wie heiß es während der Zeit wird, in der kein Strom vorhanden ist?

Eine Auswahl von frischen Früchten oder Gemüse steht nur sehr begrenzt zur Verfügung. Überall ist Sand – im Haus, am Körper, in den Haaren, alles klebt. Fahrrad, Türen, Schlösser und Fenster werden schnell von der salzigen Luft angegriffen. Die Liste könnte ich noch gut verlängern. Ich will damit nicht sagen, dass mir dies nicht gefällt, ich liebe es. Aber man muss sich das vorstellen können, denn für viele wäre es im Nachhinein nicht mehr ein Traum, so zu leben.

Gibt es nicht sehr viele Menschen, die sich ein Boot wünschen? Stell dir mal vor, du bist ein Bootsbesitzer. Stell dir dies ganz genau vor, in jeder Einzelheit. Wer reinigt dein Boot? Wo wird es gelagert? Hast du einen Stellplatz? Wie hoch sind die Kosten? Fährt überhaupt jemand mit dir im Boot mit oder bist du schlussendlich allein unterwegs?

Vielleicht wird dir sogar übel. So ging es mir auf den Galapagos-Inseln. Ich freute mich riesig auf die private, kleine Kreuzfahrt. Nach wenigen Stunden freute ich mich nicht mehr. Die fünf Tage auf dem Boot verbrachte ich nur liegend. Nie wieder ein Boot! Das ist nichts für mich. Ich bin einfach nur glücklich darüber, dass ich in den schönsten Häfen der Welt schlendern kann, ohne auch nur den Funken eines prickelnden Gefühls zu haben, dass ich jetzt am liebsten auf dieser Jacht sein möchte. Nein, dieser Wunsch ist für mich erledigt.

Was machst du den ganzen Tag?

Womit verbringst du momentan am meisten Zeit?

Am Ende dieses Buches findest du eine Liste. Erfasse für einen bis zwei Tage genauestens, was du den ganzen Tag lang unternimmst; du wirst überrascht sein. Du wirst sehen, wo deine Zeit hinfließt. Sei wachsam – du willst doch am Ende des Lebens mit einem guten Gefühl zurückblicken können. Stolz sein auf das, was du alles erreicht hast. Du musst nicht drei Häuser, zwei Boote und viel Vermögen besitzen. Das meine ich nicht damit, erfolgreich zu sein oder etwas erreicht zu haben. Dein Leben soll ausgefüllt sein; du musst Zeit für dich, deine Familie, dein Geschäft, dein Hobby haben. Es nützt nichts, wenn du in einem Bereich hervorragend bist. Ich glaube nicht, dass du schlussendlich damit glücklich bist.

Deine Wünsche

Ohne Wünsche keine Ziele, ohne Ziele kein Sinn.

Damit wir deine Wünsche herausfinden können, realisieren wir nun folgende Übung:

Nimm dir ein Blatt Papier oder besser ein Notizheft. Schreibe dir in folgenden Bereichen je einen Wunsch auf.

- Dein persönlicher Wunsch:

- Dein Wunsch was die Familie betrifft:

- Dein finanzieller Wunsch:

Überlege dir genau, wie deine Wunschsituation aussehen würde. Es ist wichtig, dass du weißt, was du willst.

Ohne genaue Vorstellung weißt du nicht, wann und wo du ankommen wirst. Kannst du dich noch an deine Autofahrschule erinnern? Was war dein Ziel?

Du wolltest frei und unabhängig sein, du wolltest selbst Auto fahren können. Das war ein fest definiertes Ziel, du hast daran gearbeitet. Du musstest gezielt vorgehen. Du hast dich informiert, du wusstest, wie viel Geld du benötigst. Du konntest nicht einfach loslegen, nein: Ein Plan musste her, auch wenn dieser nur gedanklich war. Woher hast du das Geld genommen? Du hast dich auf die Theorieprüfung vorbereitet. Zuerst musstest du heraussuchen, wer sie anbietet. Welchen Fahrlehrer gibt es in deiner Umgebung? Hattest du Empfehlungen oder musstest du vergleichen?

Später hieß es: Termine abmachen, Zeiten einplanen und viel üben. Am Ende hast du es geschafft. Hättest du kein Ziel, keinen Plan gehabt, du hättest immer noch keine Fahrerlaubnis. Ein Ziel bzw. ein Wunsch besteht im Tun und im Handeln. Siehst du, wie dies entstanden ist? Genau: mit ganz kleinen Schritten. Einer nach dem anderen führte dich zum Ziel. Genauso ist es mit jedem Ziel.

Du musst nicht von heute auf morgen ein Hausbesitzer sein. Wenn du ein Haus besitzen möchtest, schreibst du dir diesen Wunsch in dein Heft und notierst dir die Zwischenschritte. Beginne jetzt damit. Verschiebe deine Wünsche nicht. Jeder Wunsch braucht seine Zeit, daher ist es so wichtig, dass wir auch beginnen. Jeder Schritt, den du heute machst, bringt dich dem Ziel einen Schritt näher. Es gibt Zeiten, da tut sich weniger; zu anderen Zeiten wiederum macht es „Schwupps!" und wieder ist ein Meilenstein geschafft. Wenn du die Richtung definierst, wird sie eintreffen.

Sei dir bewusst; Wenn du dein Leben nicht aktiv selbst gestaltest, wirst du fortwährend nachspringen. Es gibt immer etwas anderes zu tun. Lass dich nicht den ganzen Tag von deinem Umfeld, dem Haushalt, den Kindern, der Schule, der Arbeit, dem Ehemann/Frau, dem Garten, den Nachbarn, den Eltern oder Schwiegereltern, dem Auto oder sonst einem Hobby ablenken. Lass dich nicht von deinem Umfeld treiben.

Du willst ein neues Auto, eine Reise auf die Malediven oder Singen lernen?
Erstelle dir einen Plan. Unterteile ihn in Einzelschritte, wie weiter hinten beschrieben.

Wenn du nicht weiterkommst oder du Unterstützung brauchst, dann schreibe mir – ich helfe dir gerne.

Der Fokus auf deinen Wunsch ist wichtig. Stelle dir das Licht der Sonne vor. Halte eine Lupe in die Strahlen. Was passiert, wenn du mit dem gebündelten Lichtstrahl auf ein Papier zielst? Es beginnt zu brennen, weil das Licht fokussiert wurde.

Fokussiere dein Ziel. Definiere dein Ziel, setze dir Zwischenziele. Notiere dir alle Gedanken in deinem Heft. Nun heißt es, täglich oder wöchentlich daran zu arbeiten und umzusetzen. Bleib dran, auch wenn es nur kleine Erledigungen sind, aber genau diese führen dich zum Ziel.

Das schwierigste ist, dein Ziel zu definieren. Wenn du dein Ziel festgelegt hast, wirst du sehen, wie einfach es ist, es auch zu erreichen. Bleibe fokussiert und suche dir keine Entschuldigungen, denn es gibt keine; du wirst die Zeit für deinen Wunsch finden.

Es funktioniert wie ein Rezept. Du musst nur den

einzelnen Schritten folgen.

Ohne Ziele sind wir verschwenderisch und das hart verdiente Geld oder unsere kostbare Zeit verschwinden irgendwohin.

Schaue jetzt zurück. Was hast du in den letzten fünf oder zehn Jahren erreicht? Sind die Jahre einfach vorbeigezogen, ohne dass du etwas Konkretes umgesetzt hast? Ja, dies kann sehr gut passieren, das ist bei vielen Menschen so. Weil wir immer denken: Ja, das möchte ich irgendwann mal machen, aber jetzt gerade geht es nicht, weil ich kein Geld habe, keine Idee, keine Unterstützung, kein Auto, gerade schwanger bin oder mein Freund mich verlassen hat.
So funktioniert es tatsächlich nicht. Wenn es dir jetzt wichtig ist, dann mach dich an deine Arbeit. Es gibt nie DEN perfekten Moment. Du musst dir den perfekten Moment erschaffen. Heute ist dein perfekter Moment dafür. Sei offen, lass los und such' dir eine Lösung wenn dir noch ein Problem im Wege steht.

Erfolgreiche Menschen sind nicht besser als du; sind nicht klüger oder haben mehr Glück als du.

Nein, sie sind einfach fleißiger, fokussierter und geben nicht bei jedem Hindernis auf. Mit diesem Wissen solltest du gestärkt sein, denn auch du kannst es schaffen.

So gehst du vor

Zum Selbstmanagement gehören unter anderem folgende Fähigkeiten:

1. selbständig sinnvolle und authentische Ziele zu setzen,
2. einen Plan und eine Strategie für die effiziente Umsetzung der Ziele zu erarbeiten,
3. diesen Plan konsequent umzusetzen und
4. regelmäßige Fortschritts- und Ergebniskontrollen durchzuführen, um daraus Maßnahmen zur Effizienzsteigerung abzuleiten (lernen).

Nimm dir jede Woche eine Stunde Zeit. Schreibe auf, wofür du dir nächste Woche Zeit nehmen möchtest. Welche Vorhaben wolltest du schon lange umsetzen?

Du willst endlich Englisch lernen?

Nimm ein A4-Blatt mit dem Titel »Englisch lernen«. Beginne mit der Aufgliederung.

Punkt 1 - Überlege dir: Gruppe oder Einzelunterricht?
Punkt 2 - Welches Zeitfenster hast du; Intensivkurs, wöchentlich etc.?
Punkt 3 - Recherchiere den Kurs.
Punkt 4 - Melde dich an.
Punkt 5 - Trage Termine in deine Agenda oder im Familienplaner ein. Somit sind alle informiert und können sich danach richten.

Du verfügst nicht über das Kursgeld? Schreibe unter Punkt 3 den benötigten Betrag auf. Definiere dir das neue Ziel.

Zum Beispiel beläuft sich der Kursbetrag auf 450.-. Jeden Monat legst du nun 50.- in einen Umschlag beiseite. Das heißt, in neun Monaten verfügst du über dein Kursgeld. Melde dich nun für einen Kurs in neun Monaten an. Kannst du mehr als 50.- pro Monat beiseitelegen? Rechne es aus und melde dich für einen Kurs in diesem Zeitraum aus.

So gehst du nun mit jedem deiner Wünsche um. Du willst Klavierspielen erlernen, einen Tanzkurs besuchen, jeden Tag fünf neue Kunden ansprechen oder eine neue Webseite aufsetzen? Wichtig ist: Schreibe dir deinen Wunsch auf. Aus deinem Wunsch wird ein Ziel. Eigentlich ganz einfach, oder?

Das Problem ist nur, dass wir uns oft nicht die Zeit nehmen, um uns in Ruhe selbst zu organisieren. Du bestimmst über dein Leben. Wenn du an einem Webinar-Kurs teilnehmen möchtest, wirst du auch das Geld und die Zeit dafür finden.

Wie du Geld sparen kannst, ohne zusätzlich Arbeiten zu gehen, erfährst du in meinem Ratgeber „Geld Sparen im Alltag #1Ernährung" auf www.nadjahorlacher.ch.

So befreist du dich aus der Zeitfalle

Beginne mit folgenden kleinen Änderungen

Halte es einfach. Nutze nur ein System.
Egal, ob mit einer to-do-Liste, mit einer App, dem Computer oder einem Heft. Nutze nur eines und halte es einfach. Sonst verlierst du die Übersicht und die Freude.

An Apps gibt es z.B. »to do cloud«, »Wunderlist«, »Evernote«, gTasks«. Ich arbeite mit »to do cloud«, diese ist sehr einfach, schnell und übersichtlich. Sie lässt sich mit dem Computer synchronisieren und hat eine übersichtliche Kalender-Monatsübersicht.

Schalte die akustischen Töne der SMS und der Facebook-Nachrichten etc. aus.
Dies unterbricht deine Arbeit. Du kannst mit dir selbst eine Zeit abmachen, zu der du deine Handy-Nachrichten prüfst und bearbeitest.

Lege Fixzeiten fest, zu denen du dein Telefon ausschaltest.
Sei nicht den ganzen Tag für alle erreichbar. Richte persönliche »Öffnungszeiten« ein.

Lächle so viel wie möglich.
Dies signalisiert deinem Gehirn, das alles gut ist.

Definiere eine Stunde für eine Arbeit.
Halte dich an deinen Stundenplan (siehe Anhang). Definiere eine Stunde, um deine Zahlungen zu erledigen. Dabei öffnest du keine Haustür, wenn es klingelt, du gehst nicht ans Telefon und lässt dich auch sonst nicht ablenken. Eine Stunde lang.

Baue dir Regelmäßigkeiten ein.
In der Routine liegt die Kraft. Checke deine Mails direkt nach dem Frühstück. Verbringe eine Stunde mit den Kindern, um einen Hefezopf zu backen. Nach dem Abendessen kommen die Hausaufgaben, nach dem Zähneputzen folgen zehn Liegestütze usw. Bringe deine persönlichen Vorlieben ein.

Investiere in dich selbst.
Gönne dir einen guten Kaffee, ein Magazin, eine Massage etc. Dies vermittelt deinem Gehirn, das

alles gut ist.

Definiere Öffnungszeiten.
Gerade wenn du selbständig bist oder du von zu Hause aus arbeitest, ist das sehr wichtig. Mache für dich und für andere sichtbar, in welchem Zeitraum du zu erreichen bist.

Verschenke deine Zeit.
Indem du lieben Menschen oder bei einem Herzens-Projekt mithilfst. Wenn wir anderen helfen, baut dies unseren persönlichen Stress ab.

Trainiere.
Selbstorganisation muss geübt und trainiert werden. Es gilt: Learning by doing.

Mache alles Schriftlich.
Definiere deine Ziele schriftlich: deine to-do-Liste und auch deine Wunschliste. Gerade wenn es dir schwer fällt, ist dies noch wichtiger. Es wird dich befreien, wenn es schwarz auf weiss vor dir liegt. Du benötigst anfangs vielleicht etwas mehr Zeit; mit etwas Übung wirst du deine Liste in wenigen Minuten geschrieben haben. Wichtig ist, deine Liste täglich morgens zu bearbeiten.

Eine Liste reicht.
Arbeite nur mit einer Liste. Mehr brauchst du nicht.

Du hast viel zu viele Aufgaben?

Es zerschlägt dich, macht dich träge vor lauter Arbeit? Du kannst dich nicht motivieren? Probiere diesen Weg aus:

1. Erfasse alle deine Aufgaben in einem Ordner, in einem Heft oder in einer App.

2. Entscheide dich jetzt für fünf Aufgaben. Wähle die fünf wichtigsten Aufgaben aus deiner Liste.

3. Erstelle daraus eine Tagesliste. Setze diese fünf Aufgaben ein. Konzentriere dich heute nur auf diese fünf Punkte. Die anderen werden heute absolut nicht berücksichtigt. Schweife nicht ab. Bleib bei diesen fünf und halte es dir den ganzen Tag lang vor Augen.

4. Konntest du nicht alle fünf Punkte erledigen? Übernimm die restlichen in den nächsten Tag. Beginne deinen nächsten Tag mit diesen Verbliebenen und füge drei weitere aus deiner Liste hinzu.

5. Täglich kommen natürlich neue Aufgaben auf uns zu. Bleib nicht bei diesen hängen. Schreibe sie in deine große Liste, füge sie dort ein und beschäftige dich jetzt nicht mit ihnen. Sie kommen schon noch dran. Du wirst ein gutes Gefühl haben, weil du es notiert hast und musst nicht dauernd daran denken, was dich wiederum lähmen würde.

6. Du befasst dich den ganzen Tag lang nur mit diesen fünf Aufgaben. Konzentriere dich nur auf diese. Am Abend weißt du genau, was du erreicht hast. Du wirst Freude haben, weil du schriftlich siehst, dass du diese fünf Aufgaben erledigt hast. Ansonsten kommt wieder das Gefühl auf: Was habe ich heute überhaupt getan? Kennen wir doch alle. Aber das brauchen wir in Zukunft nicht mehr.

Termine einhalten und fokussiert sein

Vereinbare Termine und nimm sie wahr. Versprochen ist versprochen. Verschiebe sie nicht, das kostet dich Zeit, Geld und Nerven. Bleib bei deiner Abmachung. Konzentriere dich während der Vereinbarungen nur auf den jeweils aktuellen Punkt.

Beim gemeinsamem Mittag- oder Abendessen wird nicht telefoniert oder anderweitig Ablenkungen nachgegeben.

Du findest nicht wirklich Zeit für dein Kind? Schaffe Zeitfenster für dein Kind. Sprich es mit dem Kind ab und setze den Termin in deine Agenda ein. Halte daran fest. Sei zuverlässig.

Ein geschäftlicher Kontakt wünscht nun exakt zu dieser Zeit ein Meeting. Erkläre nicht, dass du hier bereits mit deinem Kind verabredet bist. Keine Diskussion – erwähne nicht, was genau du bereits vereinbart hast. Sag stattdessen kurz und bündig:

»Es tut mir leid, aber diese Zeit ist bereits vergeben.«.

Jeder zugesagte Termin ist wichtig; ansonsten überlege vorher und vereinbare keine Verabredung. Wenn du keine Lust hast, teile dies von Anfang in den Worten mit, dass dies für dich momentan keine Priorität hat.

Zeitmanagement-Methoden

Jeder Mensch hat seine eigenen Vorlieben dazu, mit welchem System er am liebsten arbeitet. Wichtig ist, dass du mit einem System arbeitest, wenn du dein Leben aktiv gestalten möchtest. Hier einige Möglichkeiten:

ABC-Analyse
Die ABC-Analyse (Programmstrukturanalyse) ist ein betriebswirtschaftliches Analyseverfahren. Sie teilt eine Menge von Objekten in die Klassen A, B und C auf, die nach absteigender Bedeutung

geordnet sind. Eine typische ABC-Analyse gibt beispielsweise an, welche Produkte oder Kunden am stärksten am Umsatz eines Unternehmens beteiligt sind (A) und welche am wenigsten (C).

ALPEN-Methode
Die A-L-P-E-N-Methode nach Lothar J. Seiwert ist ein Begriff aus dem Zeitmanagement. Sie beschreibt eine vergleichsweise einfache, bei richtiger und konsequenter Handhabung aber sehr effektive Art, den eigenen Tagesablauf zu planen. Diese Methode erfordert wenige Minuten pro Tag zur Erstellung eines schriftlichen Tagesplans. Die fünf Elemente sind: Aufgaben, Termine und geplante Aktivitäten notieren, Länge einschätzen, Pufferzeiten einplanen, Entscheidungen treffen, Nachkontrolle.

DIN A6-Informationssystem
Das DIN A6-Informationssystem (DAISY) ist ein Selbst- und Zeitmanagementsystem, das auf einfachen Notizzetteln im Format DIN A6 basiert. Diese Zettel werden in verschiedenfarbigen Klarsichtmäppchen geordnet aufbewahrt:
1) rot - heute aktuell, in Bearbeitung. Das rote Mäppchen enthält einen Zettelvorrat und kann auch einen Terminplan enthalten.

2) gelb - noch nicht erledigt, in Bearbeitung
3) blau - Adressen, Tel. Nr., Landkarten, Fahrpläne
4) weiß - Fakten, Know-how, stabile Informationen
5) orange - kreative Projekte, Ideen
6) violett - persönliche Ziele und Strategien
7) grün – Archiv; hier werden beispielsweise auch Spesenbelege abgelegt.

DAISY unterstützt Menschen, die ihre Planung mit einem Loseblattsystem statt mit einem vorgedruckten Zeitplanbuch gestalten wollen. Dabei wird die Übersicht über viele Mäppchen mit einem Lead-Mäppchen sichergestellt. DAISY wurde in den 1970er-Jahren vom Schweizer Physiker Martin Gerber in Europa bekannt gemacht.

Eisenhower-Prinzip

Das sogenannte Eisenhower-Prinzip (auch: Eisenhower-Methode, Eisenhower-Matrix) ist eine in der Ratgeber- und Consultingliteratur oft referenzierte Möglichkeit, um anstehende Aufgaben in Kategorien einzuteilen. Damit sollen die wichtigsten Aufgaben zuerst erledigt und unwichtige Dinge aussortiert werden.

Anhand der Kriterien Wichtigkeit (wichtig/nicht wichtig) und Dringlichkeit (dringend/nicht dringend) gibt es vier Kombinationsmöglichkeiten. Die vier Aufgabentypen werden A-, B-, C- und D-Aufgaben genannt. Sie werden auf vier Quadranten verteilt (Quadrant I, II, III und IV).

Mind Map
Eine Mind-Map (englisch: mind map; auch: Gedanken[land]karte, beschreibt eine von Tony Buzan geprägte, kognitive Technik, die man z. B. zum Erschließen und visuellen Darstellen eines Themengebietes, zum Planen oder für Mitschriften nutzen kann. Hierbei soll das Prinzip der Assoziation helfen, Gedanken frei zu entfalten und die Fähigkeit des Gehirns zur Kategorienbildung zu nutzen. Die Mind-Map wird nach bestimmten Regeln erstellt und gelesen. Den Prozess oder das Themengebiet bzw. die Technik bezeichnet man als Mind-Mapping.

Pareto-Prinzip
Das Pareto-Prinzip, benannt nach Vilfredo Pareto (1848–1923), auch Pareto-Effekt bzw. 80-zu-20-Regel genannt, besagt, dass 80 % der Ergebnisse mit 20 % des Gesamtaufwandes erreicht werden. Die verbleibenden 20 % der Ergebnisse benötigen mit 80 % die meiste Arbeit.

To-do-Liste

Der Begriff To-do-Liste (engl.: „to", dt.: „zu"; engl.: „do", dt.: „tun") oder Pendenzen- bzw. Aufgabenliste wird beim Aufgabenmanagement oder bei der Aufgabenplanung einzelner Personen, in Gruppen und in Projekten verwendet. In einer To-do-Liste wird festgehalten, welche Aufgaben anstehen, wer dafür verantwortlich ist und bis wann sie erledigt sein müssen. Diese Listen können auch Teil einer Selbstorganisation sein. Der Liste ist nicht zu entnehmen, zu welchem Zeitpunkt der Status einer Aktion geändert wurde, sondern nur der aktuelle Zustand.

Gratuliere

Das sollte dir nun einen guten Start ermöglichen. Ergänze deine eigenen Notizen mit deinen Gedanken. Einige werden einfach und andere schwieriger zu beantworten und umzusetzen sein. Investiere deine Zeit und dir wird großer Profit zuteilwerden.

Viele Menschen, die sich mit ihrer persönlichen Zeit auseinander gesetzt haben, fühlten sich danach frei und unbeschwert. Sie haben dort Zeit gefunden, wo sie sie nie vermutet hätten- und sie haben es erreicht, ohne früher aufzustehen.

Folge diesen einfachen Schritten, bleib dabei und beginne erneut, wenn du davon abkommst. Manchmal braucht es einfach zwei bis drei Anläufe. Ich verspreche dir, dass du sehr viel für dich persönlich daraus gewinnen wirst. Nur ein bisschen Zeit zu investieren, kann dein Leben drastisch ändern.

Ich wünsche dir persönlich und deinem Geschäft ganz viel Erfolg. Deine *Nadja*

Ich möchte von dir hören

Ich würde mich sehr freuen, von dir zu hören, ob dir diese Seiten helfen konnten. Was ist deine Geschichte?

Konntest du einiges davon in deinen Alltag integrieren und umsetzen? Ich möchte es gerne wissen.

Sende mir eine E-Mail oder via www.NadjaHorlacher.ch/kontakt, wie es dir im privaten oder geschäftlichen Bereich ergangen ist. Ich möchte andere Leser gern mit deiner Geschichte ermutigen. Ich bedanke mich bereits jetzt für deine Geschichte und deine Erlaubnis, diese weiterzugeben.

Erfasse deine Aktivitäten

Was machst du?	Min.

Mehr Gratis Infos unter www.NadjaHorlacher.ch

To-do-Stundenplan – Wochenplan

Stundenplan "to do" Wochenliste   Monat:

	Montag	Dienstag	Mittwoch	Donnerstag	Freitag	Samstag	Sonntag
07.00 - 08.00							
08.00 - 09.00							
09.00 - 10.45							
10.45 - 11.00							
11.00 - 12.00							
12.00 - 13.00							
13.00 - 14.00							
14.00 - 15.30							
15.30 - 18.00							
18.00 - 19.00							
19.00 - 19.30							
19.30 - 21.00							
21.00 - 22.00							
22.00 - 23.00							

Weitere GRATIS Infos auf www.NadjaHorlacher.ch
Copyright © 2015 . All rights Reserved.

König Salomo

Aus der Bibel „Trend Edition Bibel - Hoffnung für alle"

Es gibt nichts Neues unter der Sonne

Kapitel 1
In diesem Kapitel findest Du einen Auszug der Worte des Predigers. Salomo war ein Sohn Davids und herrschte als König in Jerusalem.

Alles ist vergänglich und vergeblich, sagte der Prediger, nichts hat Bestand, ja, alles ist völlig sinnlos. Der Mensch plagt sich ab sein Leben lang, doch was bringt es ihm ein? Hat er irgendeinen Gewinn davon? Generationen kommen und gehen, nur die Erde bleibt für alle Zeiten bestehen. Die Sonne geht auf und wieder unter, dann eilt sie dorthin, wo sie aufs Neue aufgeht. Der Wind weht bald von Norden, bald von Süden, ruhelos dreht er sich, schlägt ständig um und kommt dann am Ende wieder aus der alten Richtung.

Unaufhörlich fließen die Flüsse, sie alle münden ins Meer, und doch wird das Meer niemals voll. Nichts kann der Mensch vollkommen in Worte fassen, so sehr er sich auch darum bemüht! Das Auge sieht sich niemals satt, und auch das Ohr hat nie genug gehört. Was früher geschehen ist, wird wieder geschehen, was man früher getan hat, wird man wieder tun: Es gibt nichts Neues unter der Sonne!

Zwar sagt man ab und zu: „So etwas ist noch nie dagewesen!", aber auch dies hat es schon einmal gegeben, in längst vergangenen Zeiten! Niemand denkt mehr an das, was früher geschehen ist, und auch an die Taten unserer Nachkommen werden sich deren Kinder einmal nicht mehr erinnern.

Lohnt es sich, alles zu erforschen?
Ich, der Prediger, war König von Israel und regierte in Jerusalem. Ich gab mir viel Mühe, alles auf der Welt mit meiner Weisheit zu erforschen und dazu begreifen. Doch was für eine große Last ist das! Gott hat sie den Menschen auferlegt, sie sollen sich damit abmühen!

Ich beobachtete, was auf der Welt geschieht, und erkannte: Alles ist vergebliche Mühe – gerade so, als wollte man den Wind einfangen. Was krumm gewachsen ist, kann man nicht geradebiegen und was nicht da ist, kann man nicht zählen.

Ich überlegte und sagte mir: „Ich habe große Weisheit erlangt und viel Wissen erworben – mehr als jeder andere, der vor mir Jerusalem regierte." Doch dann dachte ich darüber nach, was die

Weisheit ausmacht und worin sie sich von Unvernunft und Verblendung unterscheidet und ich erkannte: Wer sich um Weisheit bemüht, kann genauso gut versuchen, den Wind einzufangen. Je größer die Weisheit, desto grösser der Kummer; und wer sein Wissen vermehrt, der vermehrt auch sein Schmerz.

Kapitel 2
Was ist der Sinn?

Also sagte ich mir; „Versuche, fröhlich zu sein und das Leben zu genießen!". Doch ich merkte. dass auch dies sinnlos ist. Mein Lachen erschien mir töricht und das Vergnügen – was hilft es schon? Da nahm ich mir vor, mich mit Wein zu berauschen und so zu leben wie die Unverständigen - doch bei allem sollte die Weisheit mich führen. Ich wollte herausfinden, was für die Menschen gut ist und ob sie in der kurzen Zeit ihres Lebens irgendwo Glück finden können.

Ich schuf große Dinge: Ich baute mir Häuser und pflanzte Weinberge. ich legte Ziergärten und riesige Parks für mich an und bepflanzte sie mit Fruchtbäumen aller Art. Ich baute große Teiche, um den Wald mit seinen jungen Bäumen zu bewässern. Ich erwarb Knechte und Mägde zu denen hinzu, die schon lange bei uns lebten und zu Zeiten

meines Vaters in unserem Haus geboren wurden.
Ich besaß größere Rinder- und Schafherden als alle,
die vor mir in Jerusalem regiert hatten.

Meine Schatzkammern füllte ich mit Silber und
Gold, mit Schätzen aus anderen Königreichen. Ich
ließ Sänger und Sängerinnen an meinen Hof
kommen und hatte alle Frauen, die ein Mann sich
nur wünschen kann.
So wurde ich berühmter und reicher als jeder, der
vor mir in Jerusalem regiert hatte, und meine
Weisheit verlor ich dabei nicht. Ich gönnte mir alles,
was meine Augen begehrten, und erfüllte mir jeden
Herzenswunsch. Meine Mühe hatte sich gelohnt:
Ich war glücklich und zufrieden.

Doch dann dachte ich nach über das, was ich
erreicht hatte und wie hart ich dafür arbeiten
musste. Und ich erkannte: Alles war letztendlich
sinnlos - als hätte ich versucht, den Wind
einzufangen! Es gibt auf dieser Welt keinen
bleibenden Gewinn.

Auf alle wartet das gleiche Schicksal.

Ich überlegte: Worin unterscheidet sich der Weise
vom Unverständigen und Verblendeten? Was wird
der Mann tun, der einmal als mein Nachfolger auf
dem Königsthron sitzen wird? Was schon jeder vor

ihm getan hat?

Ja, ich weiß, dass man sagt: „Weisheit ist besser als Unvernunft, so wie Licht besser ist als Finsternis. Der Weise läuft mit offenen Augen durch die Welt, doch der Unvernünftige tappt im Dunkeln." Und trotzdem wartet auf beide das gleiche Los! Als ich das erkannte, fragte ich mich: Wenn mich das gleiche Schicksal trifft wie den Unverständigen - wozu habe ich dann überhaupt nach Weisheit gesucht?

Da begriff ich, dass auch das Streben nach Weisheit sinnlos ist. Denn später erinnert sich niemand mehr an den Weisen, genauso wenig wie an den Unwissenden. Wie bald sind beide vergessen – der Tod macht keinen Unterschied.

Da begann ich das Leben zu verabscheuen, alles auf der Welt war mir zuwider. Denn es ist so sinnlos, als wollte man den Wind einfangen. Auch mein Besitz, für den ich mich mein Leben lang abgemüht hatte, war mir verleidet, denn ich begriff, dass ich einmal alles meinem Nachfolger hinterlassen muss.

Und wer weiß schon, ob der weise oder töricht sein wird? Doch er wird alles besitzen, was ich durch meine Arbeit und mein Wissen erworben habe. Wie sinnlos!

Als ich das erkannte, begann ich zu verzweifeln, weil ich mich mein Leben lang so geplagt hatte. Da hat man mit seinem Wissen, seinen Fähigkeiten und seinem Fleiß etwas erreicht und muss es dann an einen andren abtreten, der sich nie darum gekümmert hat!

Das ist so sinnlos und ungerecht! Denn was bleibt dem Menschen von seiner Mühe und von all seinen Plänen? Sein Leben lang hat er nichts als Ärger und Sorgen, sogar nachts findet er keine Ruhe und doch ist alles vergeblich.

Das Beste, was ein Mensch da tun kann, ist essen und trinken und die Früchte seiner Arbeit genießen. Doch das kann nur Gott ihm schenken! Denn wer kann essen und genießen ohne ihn? Dem Menschen, der ihm gefällt, gibt er Weisheit, Erkenntnis und Freude. Doch wer Gott missachtet, den lässt er sammeln und anhäufen, um dann alles dem zu geben, den er liebt. Dann war die ganze Mühe des einen vergeblich – als hätte er versucht, den Wind einzufangen.

Kapitel 3
Jedes Ereignis, alles auf der Welt hat seine Zeit:
Geboren werden und Sterben,
Pflanzen und Ausreißen,

Töten und Heilen,
Niederreißen und Aufbauen,
Weinen und Lachen,
Klagen und Tanzen,
Steine werfen und Steine sammeln,
Umarmen und Loslassen,
Suchen und Finden, Aufbewahren und Wegwerfen,
Zerreißen und Zusammennähen,
Reden und Schweigen,
Lieben und Hassen,
Krieg und Frieden.

Was also hat der Mensch davon, dass er sich abmüht?
Ich habe erkannt: Gott legt ihm diese Last auf, damit er schwer daran zu tragen hat. Für alles auf der Welt hat Gott schon vorher die rechte Zeit bestimmt. In das Herz des Menschen hat er den Wunsch gelegt, nach dem zu fragen, was ewig ist. Aber der Mensch kann Gottes Werke nie voll und ganz begreifen.

So kam ich zu dem Schluss, dass es für den Menschen nichts Besseres gibt, als sich zu freuen und das Leben zu genießen. Wenn er zu essen und zu trinken hat und sich über die Früchte
seiner Arbeit freuen kann, ist dies allein Gottes Geschenk.

Ich begriff, dass Gottes Werk für immer bestehen wird. Niemand kann etwas hinzufügen oder wegnehmen. Damit bewirkt Gott, dass die Menschen Ehrfurcht vor ihm haben. Was immer sich auch ereignet oder noch ereignen wird: Alles ist schon einmal dagewesen. Gott lässt von Neuem geschehen, was in Vergessenheit geriet.

Auszug aus meinem anderen Buch »Geld Sparen im Alltag".

Wie denken 95% der Menschen? Sie glauben, Erfolg oder Misserfolg kommen aus ihrem Umfeld. Wie sie erzogen wurden, wie und wo sie lebten, was sie durchmachen mussten.

Gerade Leute mit viel Misserfolg im Leben geben immer den anderen die Schuld. Diese Leute finden fortwährend eine negative Entschuldigung dafür, warum sie nicht erfolgreich sind, warum sie nicht sparen konnten.
Das sind auch die Menschen, die an einen großen Lotterie-Gewinn glauben. Sie hoffen auf Glück, sie beten, dass ihnen etwas vom Himmel zufällt.

Weiter glauben sie an Putzfeen oder an jemanden, der ihr Bankkonto auffüllt. Sie sagen Dinge wie:

- „Wenn ich nur mehr Geld hätte….."
- „Wenn ich nur nicht so viele Schulden hätte…."
- „Das ist alles nicht meine Schuld…."
- „Die Wirtschaftskrise hat Schuld daran…"
- „Wenn nur mein Arbeitgeber nicht Konkurs gegangen wäre..."
- „Ich kann nicht dieses oder jenes tun…."

Auf der anderen Seite haben 5% der Leute eine völlig andere Denkweise und Einstellung. Diese 5% wissen, dass es an ihnen selbst liegt, dass sie selber verantwortlich für ihren Erfolg oder Misserfolg sind.

Es sind Leute, die etwas unternehmen, die Probleme lösen und sich nicht für alles und jedes entschuldigen. Die es annehmen und nach Lösungen suchen. Sie erlauben es sich selbst nicht, es einfach so anzunehmen, sondern lösen das Problem.

Diese 5% sagen:[1]
- „Ich werde einen Weg finden"
- „Wie kann ich dieses Problem lösen?"
- „Was kann ich heute unternehmen, um einen Schritt näher zur Lösung zu kommen?".

Siehst du diese Unterschiede? Siehst du, wie sie denken, was anders ist als bei den übrigen 95%? Ich möchte dir helfen, einer von diesen 5% zu werden; es ist nicht schwierig, es ist nur eine andere Denkweise.

Ich weiß, dass du damit Erfolg haben wirst und es ist das ist das einzige, was ich für dich möchte. Lies dieses Buch nicht einfach nur durch, nein: Arbeite daran, Schritt für Schritt umzusetzen, was ich dir sage. Du musst es nur befolgen, es ist nicht schwer, wirklich – jeder kann das, auch du. Ich freue mich sehr, wenn du dann am Ende des Monats mehr Geld für dich übrig hast.

Auszug der Rezepte:
Bachofen-Mix
Apfel Knusper
Wasats Eintopf
Tomaten-Eier Auflauf
Geniesser Nudeln
Mexikanischer
Bohnenstock
Kichererbsen Falafel

Mehr Gratis Infos unter www.NadjaHorlacher.ch

Notizen

Notizen

Mehr Gratis Infos unter www.NadjaHorlacher.ch

**Mein gratis Erfolgsbuch für dich unter:
www.gratis-erfolgsbuch.ch**

Mehr Gratis Infos unter www.NadjaHorlacher.ch

Vielen Dank

Hast du Fehler entdeckt? Dann sende mir bitte eine Email an <u>admin@nadjahorlacher.ch</u> damit ich dies anpassen kann. Vielen Dank.

Ich freue mich über deinen Kontakt:
http://www.NadjaHorlacher.ch
http://www.facebook.com/nadjahorlacherlive
Instagram: nadjahorlachernardias
Snapchat: nadjahorlacher

Alle Rechte vorbehalten

Copyright©2016 by Nadja Horlacher

Herstellung und Verlag: BoD - Norderstedt
ISBN 9783741223495

Mehr Gratis Infos unter www.NadjaHorlacher.ch